CONTROVERSE

SUR LE

NÉO-MALTHUSIANISME

*Communication de M. le D{sup} E. JAVAL
à l'Académie de médecine;*

Réponse de PAUL ROBIN;

*Contributions à l'enquête ouverte sur ce
sujet par l'Action.*

NOUVELLE ÉDITION POPULAIRE

Prix : 20 centimes

LIBRAIRIE DE L'ÉMANCIPATION
27, rue de la Duée
PARIS (XX{sup})
1905

Aux Lecteurs

L'étude de la question sexuelle, si importante au triple point de vue individuel, familial et social, s'impose à tous ceux qui veulent le bonheur de l'Humanité.

Rarement une doctrine a été aussi décriée,
et par conséquent, plus méconnue que celle
de la prudence procréatrice.

Peu l'ont étudiée, tous en parlent, ne la
connaissant que par les diffamations des
pudibonds et des réactionnaires.

A tous ceux qui cherchent sincèrement la
vérité, à tous ceux qui veulent **savoir** pour
agir nous disons :

*Lisez et faites lire, abonnez-vous
et faites abonner vos amis à*

Régénération

Procréation consciente et limitée

ORGANE DE LA LIGUE DE LA RÉGÉNÉRATION HUMAINE

PARAISSANT LE 1er DE CHAQUE MOIS

Abonnements :
France, 1 fr. 50 ; Union postale, 1 fr. 80

ADMINISTRATION

27, rue de la Duée, Paris (XXe)

CONTROVERSE

SUR LE

NÉO-MALTHUSIANISME

Communication de M. le Dr E. JAVAL
à l'Académie de médecine;

Réponse de PAUL ROBIN;

Contributions à l'enquête ouverte sur ce
sujet par l'*Action*.

NOUVELLE ÉDITION POPULAIRE

Prix : 20 centimes

LIBRAIRIE DE RÉGÉNÉRATION
27, rue de la Duée.
Paris XXe
1905

DÉCLARATION DE LA LIGUE
de la Régénération humaine

Comité de Rédaction de Régénération.

I. — MOTIFS

Négligeant toute condition imposée aux satisfactions sexuelles par les lois et les coutumes des divers pays, nous posons en principe :

Que l'utilité de la création d'un nouvel humain est une question très complexe, contenant des considérations de temps, de lieux, de personnes, d'institutions publiques ;

Qu'autant il est désirable, aux points de vue familial et social, d'avoir un nombre suffisant d'adultes sains de corps, forts, intelligents, adroits, bons.

Autant il l'est peu de faire naître un grand nombre d'enfants dégénérés, destinés la plupart, à mourir prématurément, tous à souffrir beaucoup eux-mêmes, à imposer des souffrances à leur entourage familial, à leur groupe social, à peser lourdement sur les ressources toujours insuffisantes, des assistances publiques et de la charité privée, aux dépens d'enfants de meilleure qualité.

Nous considérons comme une grande faute familiale et sociale de mettre au monde des enfants dont la subsistance et l'éducation ne seront pas suffisamment assurées dans le milieu où ils naissent *actuellement*.

(Nous ne contestons pas que certaines réformes et améliorations permettront à la terre de nourrir *plus tard* un grand nombre d'habitants; mais nous affirmons qu'il est indispensable, avant de vouloir augmenter le nombre des naissances, d'attendre que ces réformes aient été exécutées et aient produit leur effet, et que du reste, la préoccupation de la *qualité* devra toujours précéder celle de la *quantité*.

II. — BUT

1. Repandre les notions exactes des sciences physiologique et sociale, permettant aux parents d'apprécier les cas où ils devront se montrer prudents quant au nombre de leurs enfants, et assurant, sous ce rapport, leur liberté et surtout celle de la femme.

2. Lutter contre toute fâcheuse interprétation légale ou administrative de la propagande humanitaire de la Ligue.

3. Enfin et en général, faire tout ce qui est nécessaire pour que tous humains connaissent bien les lois *tendancielles* de l'accroissement de la population, leurs conséquences pratiques, et les moyens de lutte scientifique contre d'apparentes fatalités, afin qu'ils deviennent plus heureux et par conséquent meilleurs.

III. — MOYENS D'ACTION

1. Distribution, prêt, vente de feuillets, brochures et livres.

2. Causeries familiales, conférences.

3. Consultations données par des praticiens dont les adresses seront fournies aux personnes intéressées.

4. Pression à exercer par les amis ayant de l'influence sur les divers périodiques, journaux et revues, pour qu'ils insèrent notre sommaire, mentionnent nos efforts, donnent notre adresse. (Envoyer au journal toutes coupures pouvant intéresser).

5. *Groupes locaux, fédérations.* — La Ligue conseille la création de groupes locaux autonomes avec lesquels elle entretiendra des relations amicales, échangera des moyens d'action, mais sans aucune espèce d'obligations réciproques.

6. C'est dans les mêmes conditions de parfaite liberté que la ligue française entretretiendra des relations avec les ligues autrement constituées d'autres pays ; et qu'elle fait partie de la Fédération universelle créée à la Conférence internationale, tenue à Paris, 4-6 août 1900.

CONTROVERSE

SUR LE

NÉO-MALTHUSIANISME

AVANT-PROPOS DES ÉDITEURS

La première édition de cet opuscule publiée en 1897, portait le nom de *CONTRE et POUR le NÉO-MALTHUSIANISME*. Elle ne contenait qu'une communication de M. le Dr E. JAVAL à l'Académie de médecine et la réponse de PAUL ROBIN.

L'éditeur remarqua alors avec justesse « que la brochure contient ainsi les deux points de vue sur la grave question présentés par deux hommes de valeur qui, quoique *adversaires*, à la tête de deux propagandes *opposées*, sont non seulement d'une parfaite courtoisie réciproque, mais ont l'un pour l'autre la plus profonde estime ».

Cette situation si rare était déjà un exemple remarquable. La suite l'a rendu encore plus intéressant. Les deux anciens *adversaires* se sont tellement rapprochés que ce nom ne peut plus leur être appliqué.

Leurs contributions à l'enquête ouverte par l'*Action* en décembre 1903, dont nous enrichissons l'opuscule primitif, démontrent cet heureux résultat de la bonne foi, de la courtoisie, de l'estime.

Nous sommes persuadés qu'un tel exemple sera de plus en plus suivi, non seulement sur ce sujet, mais sur tous les autres ; que deux prétendus *adversaires* ne cherchant pas à « se tomber l'un l'autre » pour l'amusement d'une galerie de badauds, mais s'attelant ensemble à la recherche de la vérité pour l'avantage de tous, seront en réalité les meilleurs *collaborateurs* pour arriver à sa découverte et la rendre éclatante à tous les cerveaux.

Cette brochure, une des premières de la bibliothèque de de Ligue de la Régénération Humaine, éditée de nouveau sous une forme populaire, fut et restera un de ses meilleurs engins de propagande.

Août 1905.

LA DÉPOPULATION DE LA FRANCE.

LE NÉO-MALTHUSIANISME ET LES LOIS FISCALES

par M. JAVAL.

Extrait du *Bulletin de l'Académie de médecine*
(Séance du 25 août 1896.)

C'est sous l'empire d'une émotion extrêmement douloureuse que je prends la parole ; car le sujet dont je désire entretenir l'Académie est précisément celui auquel, depuis l'année terrible, notre très regretté collègue M. G. Lagneau avait donné tous ses efforts, et voilà que sa mort inopinée nous prive de le voir entrer dans une discussion où il aurait apporté de nouvelles preuves de son érudition si étendue, de sa science profonde et de son ardent amour du bien public.

Ce qui m'amène à parler devant vous, Messieurs, c'est la constitution assez récente de ligues malthusiennes qui ont vu le jour successivement en Angleterre, en Hollande et en France. La ligue anglaise, fondée en 1877, compte M. Yves Guyot parmi ses vice-présidents. La ligue hollandaise, reconnue d'utilité publique, a pour président, le Ministre de l'intérieur. La ligue française est fondée par M. Paul Robin.

Veuillez remarquer qu'il ne s'agit pas de ligues malthusiennes proprement dites, destinées à propager les doctrines de Malthus, mais bien plutôt de ligues *néo-malthusiennes* qui en exagèrent et même en dénaturent les données fondamentales. On ne sait pas assez en effet, en France, combien les idées de Mathus se trouvent ainsi détournées de leur caractère primitif. Le pasteur protestant Malthus était un philanthrope qui donnait le conseil de ne pas se mettre en ménage sans s'être assuré des ressources nécessaires à l'entretien d'une famille ; le néo-malthusianisme, au contraire, enseigne les moyens de limiter le nombre des enfants dans les familles, *une fois qu'elles sont constituées*, suivant les ressources disponibles.

Ce serait aller contre notre but que d'apporter ici l'exposé des publications et du programme de ces ligues, ainsi que celui, qui n'a pas encore été publié, de la ligue française ; car il faudrait reproduire des détails qui, même dans cette enceinte, ne pourraient être exposés, suivant moi, qu'en comité secret. Mais je crois cependant utile de dire que M. Robin (de Cempuis), le promoteur de cette dernière ligue, ne saurait être combattu ni ses doctrines discutées, sans qu'il convienne de rendre hommage à la pureté de cœur et au désintéressement de ce philanthrope qui, aux dépens de sa bonne renommée, avec la persévérance qui fait les apôtres, avec un rare et infatigable courage, a toujours fait ce qu'il croyait utile en faveur des déshérités.

Il est assurément un point sur lequel je suis bien d'accord avec M. Robin : c'est lorsqu'il dit que la force d'un pays ne réside pas seulement dans le nombre de ses habitants, mais dans la supériorité de leurs qualités physiques, intellectuelles et morales. Il est certain que les enfants nés dans une misère noire résisteront moins bien que ceux qui sont nés dans un milieu plus favorable à leur développement, et l'on comprend que M. Robin, impressionné par l'extrême indigence de certaines familles, se soit efforcé de rechercher des solutions telles que celle qu'il préconise.

Sous beaucoup de rapports l'organisme s'adapte au milieu dans lequel il évolue. On connaît les expériences, si intéressantes, dans lesquelles ont est parvenu à tellement acclimater des chats à la température de chambres frigorifiques maintenues à 0 degré et un peu au-dessous, qu'au bout de quelques générations les animaux nés dans ces milieux meurent dès qu'on les expose au soleil. Il est probable que, pareillement, au bout de quelques générations, on habituerait l'organisme humain à se passer de vêtements, même dans des climats assez rigoureux. L'homme s'accoutume aux plus mauvaises conditions de salubrité, témoins ces paysans qui vivent fort vieux dans des habitations notoirement insalubres. Mais il est, par contre, une accoutumance qu'il a toujours été absolument impossible de réaliser, c'est celle de l'absence de nourriture. On connaît l'histoire de ce paysan, qui, s'étant efforcé d'économiser progressivement sur la nourriture de son cheval, eut la douleur de le voir périr le lendemain même du jour où sa ration avait été réduite à zéro.

Un de mes bons amis possédait une maison habitée par une trentaine de familles pauvres qui payaient quand elles pouvaient : sous la menace d'être contraint d'établir des cabinets d'aisance plus nombreux, d'organiser le tout à l'égoût, etc., il vient de démolir sa maison pour vendre le terrain. Malgré la remise d'un terme qu'il fit gracieusement à ses locataires, ces malheureux, obligés d'aller se loger plus chèrement ailleurs, manquent du plus nécessaire ; ils paient par une privation de nourriture, bien plus funeste, le soin qu'on a voulu prendre de leur santé.

Si, dans certaines familles riches, une importante règle d'hygiène consiste à restreindre un excès de nourriture, il arrive chez les pauvres que l'insuffisance d'aliments détermine les plus graves souffrances ; les enfants chétifs, mal nourris dès le début de la vie, ne deviendront, si même ils y parviennent, que des défenseurs mal habiles et débiles pour la patrie ; ils seront non un soutien, mais une charge pour la communauté. Pour éviter ce malheur, les *néo-malthusiens* proposent, quand la table est trop maigrement servie, d'y appeler moins de convives.

Le problème comporte cependant d'autres solutions. — La plus simple, c'est la solution socialiste : il n'y a aucune raison pour que les uns soient nés riches et les autres pauvres ; par suite, il appartient à la communauté de nourrir également tous les enfants, sans exception, de leur distribuer à chacun tout le nécessaire ; ce serait en France une dépense d'environ un milliard par an.

Une autre solution, admirable comme toutes les utopies, consisterait, au lieu de mettre tous les enfants à la charge de la communauté, d'obliger les familles aisées à adopter les enfants de celles qui n'ont pas de pain. C'est ainsi qu'on voit dans le Morvan des nourrissons parisiens qui, abandonnés par leurs parents, continuent néanmoins à être nourris par humanité au foyer qui les a reçus ; ils y grandissent souvent au milieu de telles preuves d'affection qu'ils finissent par faire partie de leur famille d'adoption. Quel avantage n'y aurait-il pas à voir les familles riches élever chez elles tous les enfants des familles pauvres ? Au lieu de poursuivre une pareille utopie, je démontrerai plus loin qu'on obtiendrait, dans une certaine mesure, un effet analogue en amenant les parents riches à se gratifier eux-mêmes d'enfants plus nombreux.

Une troisième solution, d'un socialisme moins pur que la première, consisterait à subventionner les familles nombreuses. Mais il est facile de reconnaître que ce serait contraire à toute espèce de bon sens : car l'impôt devrait nécessairement en faire les frais, et si je dois prendre 10 francs dans la poche de Pierre pour aider Paul, il est à craindre qu'avec les frais d'administration, il ne reste plus que 3 ou 4 francs à donner réellement à ce dernier.

Il est plus simple d'agir par voie de dégrèvements. J'avais fait voter, en 1889, la suppression de l'impôt mobilier en faveur des familles de sept enfants. Au lieu d'aller plus loin dans cette voie, on a graduellement restreint l'exemption aux familles qui sont inscrites pour une contribution mobilière inférieure à dix francs, si bien qu'à celui qui, ayant six enfants, désirerait en avoir un de plus, on donne l'espoir de payer 10 francs de moins par an ; mais de combien cette nouvelle charge dépasse cette somme, le législateur ne s'en préoccupe pas. D'où il résulte que cette loi, d'une aide insignifiante pour les familles tout à

fait misérables, ne tient en réalité aucun compte des
charges subies par des familles nombreuses qui ne
sont pas dans la plus noire misère.

J'arrive enfin à la seule solution acceptable dans
l'état actuel des esprits en France, qui consiste à
exonérer les familles nombreuses aux dépens des
riches sans enfants ou ayant peu d'enfants. Ce n'est
pas ici le lieu d'indiquer les voies et moyens : aug-
mentation des centimes additionnels aux contributions
directes, impositions à raison des domestiques, élé-
vation des droits de succession en cas d'enfant
unique, etc., etc.

C'est pour arriver à justifier cette solution, que j'ai
imaginé tout à l'heure une *solution utopique*. Si l'intérêt national exige qu'on apporte obstacle à la dépopulation, il exige non moins impérieusement, et en cela
je suis d'accord avec M. Robin, que les enfants naissent surtout dans les familles où il sera possible de
subvenir à leurs besoins, c'est-à-dire dans les milieux
riches ou aisés ; et si certains parents riches trouvent
commode de se confiner dans l'oisiveté pour transmettre intacts et sans partage leurs biens à une progé-
niture réduite au strict minimum, le législateur a le
droit de les frapper rudement à la place sensible, par
l'impôt direct, par l'impôt successoral, etc., et cela si
durement qu'à la fin ils n'auront plus intérêt, comme
aujourd'hui, à esquiver le partage forcé de leurs biens
en se privant du bonheur si doux d'être entourés,
pendant leurs vieux jours, d'un cortège d'enfants et
de petits enfants.

Et qu'on ne dise pas que les lois sont sans action
sur les mœurs ; à la longue leur influence est tellement
grande que si la liberté de tester était inscrite aujour-
d'hui dans le code, notre pays qui, depuis un siècle,
s'est habitué au régime du partage égal obligatoire, ne
ferait de la liberté de tester qu'un usage très restreint.

Supposons donc la quotité disponible portée à
moitié, quel que soit le nombre des enfants, et ce
serait justice, car ce serait l'égalité des droits des

pères de famille, le propriétaire terrien ou le chef d'industrie pourraient, tout en ayant plusieurs enfants, échapper à la destruction de l'établissement foncier ou industriel, qu'ils ont créé ou agrandi, destruction qui est actuellement la punition obligatoire de ceux qui ont beaucoup d'enfants. Les auteurs du Code civil ont atteint partiellement, par le partage obligatoire, leur but, qui était de briser les grosses situations héréditaires : s'ils vivaient aujourd'hui, ils s'apercevraient que, voulant supprimer les privilèges des fils aînés, ils ont empêché les cadets de naître, et ces mêmes législateurs, sans revenir à l'iniquité du droit d'aînesse, ne seraient plus partisans aujourd'hui du partage obligatoirement égal.

J'ai dit que l'intérêt national serait que les familles riches fussent nombreuses : *c'est contre les familles ainsi constituées que se dirige comme à plaisir tout l'arsenal de nos lois.*

Qu'il me soit pardonné de faire observer, en passant, que, par une coïncidence singulière, les finances de la France ont presque toujours été dirigées par des hommes n'ayant pas ou peu d'enfants, Thiers, Gambetta, Ferry, Rouvier, et bien d'autres que je pourrais nommer, ont toujours ignoré pratiquement quelle importance la législation financière exerce en France sur la vie des familles chargées d'enfants et, sans s'en rendre compte, ils ont tous agi en sens inverse de ce qu'exigerait cette nécessité primordiale de répartir les charges en tenant compte du nombre des enfants dans les familles.

A cet égard, le projet Cochery présente la plus singulière des aberrations, car, par sa taxe d'habitation et par celle sur les domestiques, il augmente les impôts directs *en proportion* à la fois de la richesse et du nombre d'enfants, et n'accorde aux familles nombreuses qu'un *dégrèvement fixe*, qui est absolument illusoire quand elles ne sont pas tout à fait misérables : s'il était adopté sans amendement, ce projet serait absolument funeste sous le rapport démographique.

Or, la correction à y introduire se trouve tout au long dans le plus admirable document financier, qui ait jamais été écrit dans aucune langue, je veux dire l'*Adresse aux Français* de juin 1791, dans laquelle il est clairement expliqué comment les contributions doivent être proportionnées aux *facultés* et non pas aux *revenus* des citoyens, les facultés étant plus grandes, à revenu égal, quand les charges de famille sont moindres.

Au surplus, l'opinion publique commence à se pénétrer de ces vérités. Parmi les récentes publications, relatives à la dépopulation, je citerai le livre de M. Roger Debury: *Un pays de célibataires et de fils uniques;* un autre, de M. Deschaumes, intitulé la *Banqueroute de l'amour,* bien plus sérieux que son titre ne semblerait l'indiquer. J'insisterai davantage encore pour faire connaître l'*Alliance nationale contre la dépopulation,* fondée par Jacques Bertillon (26, avenue Marceau), dont faisait partie Lagneau, et à laquelle tout bon patriote devrait envoyer son adhésion.

Plusieurs conseils généraux viennent d'émettre des vœux en faveur de la diminution des charges qui écrasent les nombreuses famille : le mouvement des esprits ira s'accélérant.

Si je me suis permis d'entretenir l'Académie d'un sujet qui semblerait étranger à l'ordre habituel de ses travaux, c'est parce que, je le répète, rien n'est plus contraire à l'hygiène que l'insuffisance de nourriture, et que tout ce que peuvent faire de bien nos institutions charitables, assistées du dévouement du corps médical, n'est qu'une quantité négligeable en comparaison du mal dont le pays est menacé par l'aggravation des lois financières qui, telles qu'elles sont, ont déjà pour effet de diminuer la natalité dans les familles riches et de frapper d'impôts excessifs les familles nombreuses et pauvres.

Dr JAVAL.

DÉFENSE DU NÉO-MALTHUSIANISME

Par M. Paul Robin

Avoir pour contradicteurs des gens honnêtes et sincères qui ne vous prodiguent pas de viles insultes, qui n'essaient pas de vous salir de toute manière, sous prétexte que vos conceptions philosophiques leur déplaisent, est une chance assez rare, paraît-il. Pour mon compte, je ne l'avais guère entrevue jusqu'ici.

Aussi est-ce avec une véritable joie que j'ai entendu et relu la communication de M. le Dr Javal à l'Académie de médecine ; et je suis fort heureux de pouvoir joindre à sa réimpression mes idées très mûries sur la question qui nous préoccupe tous les deux. Il est très remarquable que, malgré la divergence apparente de nos opinions, elles présentent plusieurs points de contact signalés par M. Javal lui-même, et je suis persuadé qu'elles tendront à se rapprocher encore.

***

Avant tout, pour en vite finir, un léger reproche. M. Javal parle « de détails qui, même à l'Académie de médecine, ne pourraient être exposés, selon lui, qu'en comité secret ». Les indications nettes et précises d'hygiène spéciale n'ont rien qui puisse effaroucher les adultes qu'elles concernent, et pour les enfants entre les mains desquels on aurait, certes, tort de les laisser tomber, elles sont, selon moi, infiniment moins corruptrices dans leur sévère crudité que les plaisanteries obscènes, les allusions inquiétantes, les énervantes grivoiseries, les mièvreries débilitantes que l'on expose aujourd'hui impunément et partont, en prose, en vers, en musique, en dessin, sottises qui souillent les yeux, les oreilles, le cerveau et le cœur des adultes et des enfants et contribuent gravement à la dégénérescence intellectuelle et morale.

Mais je me permets de faire observer à mon illustre et sympathique adversaire, que cette phrase, prise isolément par les vils barbouilleurs des feuilles vénales qui ont déjà tant aboyé et ne manqueront pas d'aboyer encore contre moi, leur servira de prétexte pour me traiter de nouveau de pornographe, épithète qu'ils méritent tant et que je mérite si peu.

Et s'il se présentait de ces hasards de la politique tels qu'on en a déjà vu plusieurs fois, de ces hasards qui, faute de sujets, élèvent aux pouvoir des résidus de dégoût, on pourrait revoir quelques-uns de ces insulteurs tarés devenir nos maîtres, s'autoriser d'une phrase incidente échappée à la plume d'un savant, pour commettre à mon égard de nouvelles infamies.

Ce danger ne m'effraie pas plus que ne m'effrayèrent les autres, mais il est bon de le signaler.

Beaucoup de penseurs avaient, avant Malhus, entrevu les maux que cause à l'espèce humaine un accroissement trop rapide de population. Mais c'est lui qui le premier, popularisa cette vérité en l'exposant avec une netteté à laquelle ses disciples n'ont rien eu à ajouter ; mais s'il indiqua parfaitement la cause du mal, ses préjugés religieux et l'état de la science physiologique à son époque ne lui permirent pas d'en trouver le remède ; et c'est aux Néo-Malthusiens que l'humanité est redevable de cet immense bienfait, dépassant en importance les plus grandes découvertes scientifiques du XIXe siècle.

Les progrès industriels n'ont, en effet, guère servi jusqu'ici qu'à augmenter les jouissances de la minorité possédant déjà tous les avantages : luxe inouï, transport rapide et facile des personnes et des choses, immense diffusion de la pensée ; mais ces progrès ne servent pas ou que peu à augmenter le bonheur de la masse, disons mieux, à soulager ses misères physiques et morales.

On pourrait détailler cette affirmation en dix longs
chapitres d'exemples et de preuves, répéter ce qui a
été redit cent fois. Passons.

Le jour même où l'on apprend à une pauvre femme
écrasée, épuisée, un moyen facile d'échapper à la
fatalité d'être mère contre sa volonté, ce jour-là on la
soulage, elle et sa famille, d'une manière efficace,
durable, indépendante de tout événement.

Elle n'a pas besoin d'encouragement pour transmettre l'utile science à ses compagnes d'infortune. Et,
comme au fond, la misère générale est la somme des
misères individuelles, celle-là diminue en même
temps que celle-ci par la simple diffusion des pratiques hygiéniques fondées sur les récentes découvertes
de la physiologie.

Les amis de l'humanité doivent-ils encourager cette
diffusion, en lui enlevant tout côté vilain ou choquant
par le simple effet de la dignité scientifique, ou bien
doivent-ils tenter inutilement de l'entraver, et faire
comme le Jéhovah de la mythologie judaïco-chré-
tienne, de vains efforts, pour que les mortels ignorent
ce qui leur importe le plus, pour que le plus grave de
leurs intérêts reste livré au hasard et à l'imprévoyance?

Poser la question avec cette netteté, c'est la résoudre.

*
* *

La solution de la question familiale avance grande-
ment aussi celle de la question sociale.

Aujourd'hui la haine est profonde, la bataille féroce,
entre la classe qui possède et celle qui travaille ; et
dans les fréquentes escarmouches de cette incessante
guerre civile, le travailleur est toujours vaincu, non
pas tant par l'action, ou tout au moins la menace des
fusillades légales, que par l'épouvantable hantise des
petits criant la faim dans le taudis, là-bas. Cet horrible
souci disparu, le calme, la paix, régnant dans un logis
décent, le travailleur peut étudier ses intérêts avec
tranquillité et compétence, les défendre avec une

énergie certaine du succès, et arriver à des arrange-
ments de détails plus satisfaisants qu'à notre époque.

Le producteur ayant obtenu partout, facilement,
par le simple effet de la prudence parentale, un meil-
leur salaire, un travail moins long, moins écrasant,
mieux organisé, aura-il, comme le croient quelques
Malthusiens, complètement assuré la paix sociale, un
état stable, définitif de la société nouvelle ? Pour mon
compte, je ne le crois pas du tout: Mon idéal est infiniment plus élevé, et je m'imagine qu'il deviendra
celui de tous, quand tous auront reçu l'éducation inté-
grale, basée sur les seules réalités, développant har-
moniquement toutes les facultés de l'individu. Ce n'est
pas le lieu d'exposer en détail cet idéal. Le seul point
intéressant est de montrer que l'application pratique
des doctrines néo-malthusiennes ne peut manquer
d'amener, à très court terme, une période de tranquillité morale relative pendant laquelle les questions
jusqu'ici insolubles de salariat, de coopération, de
socialisme, de communisme, seront étudiées paisible-
ment par les intéressés, et résolues assez rapidement
dans le sens du bonheur de tous.

Il est inexact de dire que les nouvelles théories
exagèrent et dénaturent les données fondamentales
des doctrines de Malthus. Elles conservent exacte-
ment les données du philanthrope calomnié, et répètent
avec lui : « Il vaut mieux pour une famille ou une
nation créer une meilleure vie pour un seul enfant,
que de fournir le strict et misérable nécessaire à
deux. »

Mais, ce que Malthus n'avait pas pu faire, elles
fournissent les moyens faciles d'obtenir ce résultat.

Rien de plus clair à ce sujet que l'extrait suivant
des statuts de la ligue Néo-Malthusienne de Londres :

« L'obstacle de prudence ou restreignant les naissances consiste à limiter la procréation par l'abstention du mariage, ou la prudence après le mariage.

« L'abstention prolongée du mariage, que recom-
mandait Malthus, est la source de nombreuses mala-

dies et de beaucoup de vices sexuels ; l'union précocé,
au contraire, tend à assurer la pureté sexuelle, le
confort domestique, le bonheur social, la santé indi-
viduelle... »

L'ancien et le nouveau Malthusianisme ont le même
but : restreindre la population dans la limite des subsistances. Honnêtement appliqués, ils amènent au
même résultat, le premier avec un cortège immense
de maux individuels et sociaux, le second au milieu
du bonheur universel des groupes et des individus
grands et petits.

La prudence parentale, prêchée par les Néo-Malthusiens est rendue facile aujourd'hui par les ingénieuses
applications d'une branche de la physiologie ; aucun
despotisme né parviendra à les cacher aux intéressés.
Les vieux préjugés eux-mêmes s'effaceront devant elles.

Nous finissons le siècle des grandes découvertes
scientifiques et industrielles, nous allons aborder celui
de leur application à la félicité générale.

Le XIXe siècle a été le siècle de la science oppressive, le XXe va être celui de la science émancipatrice,
du bonheur !

*
**

M. le Dr Javal est d'accord avec moi quand je dis
« que la force d'un pays ne réside pas *seulement dans
le nombre* (je souligne) de ses habitants, mais dans
la supériorité de leurs qualités physiques intellectuelles et morales ». La partie soulignée était même
une pure concession de forme, tout à fait regrettable :
car, en vérité, le nombre des *inférieurs* ne contribue
pas du tout à la *force* d'un pays, mais bien au contraire
à sa *faiblesse*. M. Javal le dit lui-même, et là est toute
la question :

« Les enfants chétifs, mal nourris dès le début de la
vie, ne deviendront, si même ils y parviennent, que
des défenseurs mal habiles et débiles pour la patrie ;
*ils seront non un soutien, mais une charge pour la com-
munauté.* »

Ces paroles, qui n'ont été contredites par aucun

membre de l'Académie de médecine, sont une garantie, que dans ce savant milieu, on n'entendra plus, comme par le passé, de simples plaintes sur la trop petite quantité de Français. Désormais, là et ailleurs, selon mon vœu le plus cher, après les éloquentes paroles de M. Javal, la question de *qualité* primera celle de *quantité*.

*
* *

Ces concessions faites, il est évident que mon éminent adversaire a grand'peine à arranger ses idées primitives avec celles qu'une nouvelle étude de la question lui a suggérées. Il fait appel à des solutions dont lui-même pressent la faiblesse, et que je vais démontrer être à fort peu près sans aucune valeur.

« La solution socialiste la plus simple », dit-il, n'en est pas une ; elle repose sur un non-calcul ou une faute de calcul. Ce n'est pas UN milliard que coûterait son application, mais DIX.

En effet, la *statistique française* publiée en 1891, par le ministère du commerce, donne les nombres de 9,560,000 enfants de 0 à quinze ans et de 4,540,000 vieillards de plus de soixante ans.

Pour fournir à ces futurs ou anciens producteurs, une vie digne d'être vécue, ce n'est pas trop demander que 2 fr. 10 par tête et par jour. C'est le chiffre que nous a fourni notre longue et intéressante expérience de Cempuis.

Cela ferait :

Pour les enfants.	7,150 millions,
Et pour les vieillards. . . .	3,405 —
Soit au total.	10,555 —

Nombre rond, dix milliards.

J'ai souvent fait ce calcul, ce qui m'a valu d'être « attrapé » par tous les socialistes, et cependant je n'étais pas plus coupable que Malthus indiquant une loi fatale qu'il avait découverte, mais non commandée, pas plus que ne l'est un thermomètre des fluxions de poitrine occasionnées par le froid qu'il dénonce !

Si certaine boutade de M. Javal était prise à la lettre, il faudrait pour distribuer à nos 14 millions d'enfants et de vieillards ce petit subside de *dix milliards*, en demander à l'impôt 25 ou 30; de façon que notre très cher Etat-Providence, après avoir pris en moyenne à chacun de nous tous 700 à 800 francs d'impôts en plus des cent et quelque qu'il nous prend déjà, les rendrait simplement aux deux cinquièmes d'entre nous.

« Voilà vingt ans que toutes les écoles socialistes sont d'accord pour *réclamer* l'entretien de tous les enfants à la charge de l'Etat », répétait récemment, pour la centième fois, un des plus valeureux champions de cette idée, pardon, de cette série de mots. Et comme je cherchais à lui opposer mes chiffres qu'il écoutait mal, obsédé par son idée fixe, il me répondait : Mais on les nourrit bien maintenant.

— Mais non, *on* les nourrit mal ou pas du tout, et c'est pour cela qu'il en meurt tant. Et si on n'en tuait pas de misère, si on leur donnait un moment leurs dix milliards, ils vivraient, et il y en aurait davantage, et il faudrait encore plus de milliards, etc.

*
*

Glissons vite sur la solution que M. Javal, lui-même, appelle la solution *utopique*. On a vu en effet quelques bonnes nourrices s'attacher à l'enfant du riche pour lequel on ne les payait plus, cela en face de tant de « faiseuses d'anges » ; mais le parent pauvre, élevé chez le riche, c'est le domestique gratis, le compagnon chargé de recevoir les fessées méritées par le fils du patron...

*
*

Lois protectrices, primes ou dégrèvements, c'est charmant à première vue pour ceux qui ont conservé quelque foi dans l'Etat-Providence; de cette foi je n'ai pas eu besoin pour me guérir, des actes illégaux autant qu'injustes commis par la faction dominante en août 1894, ni du vote à peu près unanime de la

Chambre qui les a approuvés le 10 novembre. Mais sans même attaquer en général le rêve irréalisé d'un *bon* gouvernement, je n'ai qu'à laisser refaire à d'autres le calcul déjà fait plusieurs fois, sur l'insignifiance des encouragements donnés par les gouvernements sous forme de subsides ou de dégrèvements, par addition ou par non-suppression, ce qui est identique.

Le tant bien intentionné auteur de la Loi des Sept enfants est bien obligé de le reconnaître, lui-même, quand on en arrive à la pratique : Ne pas extorquer les seuls malheureux dix francs d'impôts directs qu'aurait à payer un pauvre diable ayant à nourrir neuf bouches !

Ce n'est pas la remise de ces dix francs qui les empêcheront de crever de faim !

*
* *

Un autre moyen de relever la population est indiqué par M. Javal. Que les gens riches aient beaucoup d'enfants. En disant riches d'argent, et aussi de santé, de cerveau et de cœur, je serai tout à fait, à mon tour, de l'avis de mon contradicteur apparent. Et ici, qu'il me pardonne mon indiscrétion, si j'ajoute que lui-même, possesseur des diverses richesses requises, a prêché d'exemple autant que de bon conseil. Il est le père d'une nombreuse et distinguée famille, et a aussi plusieurs petits-enfants qui ne pourront que ressembler à leurs ascendants.

*
* *

Les anecdotes et épisodes dont M. le Dr Javal a égayé sa communication présentent encore des arguments en faveur des nouveaux procédés de sélection artificielle.

La race de chats frigricoles a été obtenue comme celle de tant de modernes adamites sauvages ou prétendument civilisés dont les vêtements sont moins une garantie contre les intempéries qu'une concession aux préjugés spéciaux de la pudeur locale ; elle a été obtenue comme s'obtiennent tous les résultats de la sélection naturelle et de la sélection artificielle qui l'imite, par la mort cruelle, après de longues souffrances de la grande majorité des sujets. La première condition de l'application de la sélection artificielle à l'espèce humaine est, qu'elle perde tout caractère de cruauté. Et je veux le répéter encore ; c'est en satisfaisant seuls à cette condition que les procédés récemment inventés par des docteurs médecins, physiologistes et philanthropes, Carlile, F. Place, Knowlton, Mensinga, Hellmuth, et prônés par les Néo-Malthusiens, sont les seuls remèdes vraiment humains aux fatalités indiquées par Malthus.

Un de ses disciples les plus distingués, l'auteur anoyme des « Éléments de science sociale par un docteur en médecine », (1) a présenté la souffrance résultant des lois de la Population, sous forme d'un terrible dilemme : Mourir de faim ou mourir d'amour ! Le dilemme est aujourd'hui résolu en heurtant à peine les vieux préjugés d'une décence conventionnelle, et pas du tout les préceptes de la vraie morale, Science et Art du Bonheur. Cette décence n'est-elle pas, d'ailleurs, violée partout hypocritement, d'une manière beaucoup plus grave, en même temps que la morale réelle ?

**

Je suis reconnaissant à M. Javal de m'avoir fait connaître l'*Adresse aux Français* de juin 1791 qu'il trouve le plus admirable document financier. Admirable, en effet, digne d'être non-seulement lue, mais soigneusement étudiée. Etant donnés ces principes : la propriété de la richesse humaine attribuée à quelques-uns seulement, le paiement du salaire, d'après la plus-value donnée à la matière, l'échange des valeurs équivalentes, l'*Adresse* respire une honnêteté, une droiture, un esprit de justice incomparables.

(1) Le Docteur George Drysdale né en 1825, mort fin 1904, de l'ouvrage duquel la Ligue éditait à ce même moment la sixième édition française.

Quand elle conclut à ce que les contributions soient proportionnées aux *facultés* des individus, elle touche à la belle utopie — et l'utopie de la veille a été et sera souvent le fait banal du lendemain — du communisme libertaire à qui seul appartient cette formule : « A chacun suivant ses besoins, de chacun suivant ses moyens. »

Mais actuellement la réimpression de cette *Adresse* est la plus cruelle ironie contre tout ce qui a été fait depuis qu'elle a été rédigée par ses nobles et généreux auteurs. Car on peut dire sans qu'il soit nécessaire d'accumuler les preuves si souvent fournies : Aujourd'hui, comme autrefois, comme toujours, comme partout, l'impôt est *inversement* proportionnel aux facultés !

****

Je n'en dirai pas autant des deux autres ouvrages cités par le Dr Javal, et suis loin de partager son admiration pour eux.

L'auteur pseudonyme du premier cache sa parfaite couardise, sa peur bleue du croque-mitaine prussien sous la plus honteuse hypocrisie de patriotisme ; ce n'est pas le lieu de lui faire de la réclame en détaillant les vilenies de ce livre. Il faut en citer une pour l'exemple. L'auteur voudrait que la foule « assommât » le poète Sully Prudhomme, auteur d'une splendide poésie si justement pessimiste, hélas ! Quel bel argument que cet appel au lynchage ! Quel bon conseil moralisateur ! Puisse dans l'intérêt de l'auteur, la foule entraînable se méfier de ses préceptes ; elle pourrait bien les lui appliquer à lui-même. (1)

L'autre est un charmant faiseur de papotages tout autour d'une question qu'il ignore. (2)

---

(1) M. ROSSIGNOL inspecteur d'Académie à Bordeaux, écrivit quand il était professeur à Nancy sous le pseudonyme de ROGER DE BURY, *Un pays de célibataires et de fils uniques.*
(2) Edmond DESCHAUMES, *La Banqueroute de l'amour.*

D'une série d'articles bâclés au galop, sans doute
en prenant l'apéritif, il fait un livre dont il parle souvent en l'appelant *mes études !*

Il y a de tout dans cette macédoine, de la noire
réaction, de l'anarchisme échevelé, d'austères prédi-
cations matrimoniales, des plaidoyers en faveur de
l'amour libre, des encouragements à la procréation à
outrance, de sages conseils mathusiens. Oh ! ces gens
de lettres sans science, belle (?) forme, aucun fond.

***

M. le Dr Javal semble s'excuser d'entretenir l'Académie d'un sujet paraissant étranger à ses travaux ordi-
naires. Combien je me réjouis au contraire, de voir
les questions connexes avec l'accroisement de la
population et la dégénérescence de la race être pré-
sentées partout, préoccuper tous les esprits.

Avec les habitudes d'investigations et de recherches
données par la pratique des sciences modernes, la
difficulté n'est plus de résoudre une question, mais de
la bien poser.

Celle-ci l'est bien, aujourd'hui.

Le grand danger est passé ; elle était mal posée,
négligée ; c'était un sujet réservé sur lequel les écrivains de tous les partis croyaient devoir se taire. Le
charme est rompu, en France comme ailleurs. On ne
cessera plus de parler du grave problème de la Régé-
ration humaine que quand sa solution, déjà trouvée,
sera complétement popularisée pour le plus grand
bonheur de tous.

Paul Robin.

Beaucoup d'enfants ? ?

(Extrait de l'*Action* du 23 décembre 1903 enquête de
M. Guinaudeau).

Le pour et le contre. — MM. Paul Robin et le docteur Javal, de l'Académie de médecine.

Et d'abord, qu'il me soit permis de remercier les lecteurs de l'*Action*, pour l'empressement avec lequel ils ont répondu à mon invitation.

Je disais : « Qui demande la parole ? »

Les réponses me sont venues de tous côtés. Médecins, hommes politiques et hommes de lettres, commerçants et ouvriers, ont bien voulu me donner leur avis et leurs raisons. Des femmes, en cette question qui est la question féminine entre toutes, ont apporté leur témoignage et — c'est le mot propre — leur vote.

Il me semble bien, d'après les lettres que j'ai sous les yeux, que les arguments *pour* et *contre* seront produits, et que la discussion se déroulera aussi complète que possible.

Peut-être me verrai-je obligé, ici et là, de résumer au lieu de citer intégralement. Je le ferai avec tous les scrupules que mes correspondants sont en droit d'exiger. Qu'ils me pardonnent si j'en suis réduit à cette triste nécessité, qui m'afflige plus encore qu'elle ne les afflige eux-mêmes ! Il faut qu'il en soit ainsi, pour que chacun puisse dire son mot. Dieu est infini ; mais l'*Action* est limitée. Hélas !...

J'enregistrerai, en toute exactitude et sincérité, toutes les opinions. Et ce n'est pas moi qui tirerai la conclusion, ce sera le suffrage universel.

L'avis de M. Paul Robin. — On met au monde trop de misérables et de souffre-douleur.

Michel Corday et Eugène Brieux ont soutenu, en somme, les doctrines dont M. Paul Robin s'est fait l'ardent propagateur.

M. Paul Robin m'adresse lui-même l'exposé que voici :

Mon cher confrère,

Je prends avec plaisir la parole que vous voulez bien m'offrir. Je la désirais depuis longtemps, dans l'intérêt de vérités d'importance primordiale, méconnues malgré leur évidence.

Le nombre immense des malheureux encombrant la planète, dans la proportion de beaucoup plus de 9 sur 10, ont le caractère commun de n'avoir pas été désirés par leurs parents. Ils ont été produits au hasard d'une attraction sexuelle, conformément ou non aux lois et usages plus ou moins barbares de leur lieu de naissance. Ils ont grandi, mal soignés, mal nourris, mal élevés.

Quand ce ne serait que la pitié que leur sort doit inspirer aux cœurs de l'infime minorité qui vit relativement à l'aise, aux dépens de cette masse de misérables, le motif serait suffisant de faire tous les efforts pour prévenir la naissance de ces souffre-douleurs, dont plusieurs dizaines de millions viennent, chaque année, remplacer ceux qui ont succombé sous l'excès de privations de toute nature.

C'est juste le contraire que font partout les castes des dirigeants spirituels et temporels, franches ou hypocrites émanations des privilégiés. Afin d'avoir des producteurs résignés, obligés par l'âpre concurrence à vivre d'une vie de misère, qui touche souvent aux limites de l'inanition, des troupeaux de brutes policières ou soldatesques, entretenues par les ploutocrates, pour dompter, par le meurtre et toutes les violences, les travailleurs mécontents qui voudraient améliorer leur sort, les usurpateurs de la richesse humaine fournie par la nature et le labeur des travailleurs passés et présents, prêchent aux pauvres de croître et de multiplier sans limites. Les prêtres et les gouvernants trouvent, pour les seconder dans leur œuvre antihumaine, de faux savants, complices ou dupes impardonnables, pour couvrir d'un vêtement à apparence scientifique cette surproduction de misérables.

Le bon sens général a, dans notre pays, plus tôt que dans tout autre, commencé à réagir contre l'adoration de la fécondité. La natalité n'y est que de 22

pour 1.000, tandis qu'elle va jusqu'au double dans
d'autres pays malheureux : Hongrie, Russie...

Mais combien, même pour notre pays, un peu
moins misérable que les autres, ceci est encore trop
tard et trop peu, si nous songeons que la France,
n'ayant que le 250ᵉ de la terre habitable, a le quaran-
tième de sa population !

*
* *

Laissant de côté tout ce qui peut plaire aux théories religieuses, sociales, politiques des jouisseurs,
tout ce qui peut servir à augmenter leur extravagant
superflu, n'ayant en vue que « le plus grand bonheur
du plus grand nombre », nous présentons comme
indiscutables axiomes :

1º Que tout être humain ayant, à l'âge de la pu-
berté, des besoins sexuels, dont la satisfaction est
aussi nécessaire que la préservation contre la faim,
le froid, les intempéries, il doit les satisfaire sans
aucune entrave. Que si ces entraves existent dans les
lois et les coutumes tyranniques, on doit *par tous les
moyens* lutter contre elles jusqu'à leur anéantissement;

2º Que nul n'a le devoir *a priori* de procréer. Que
tous ceux, qui par force, ruse, mensonge, veulent
imposer ce prétendu devoir sont des tyrans auxquels
il faut résister et contre lesquels il faut lutter *par tous
les moyens*. Que notamment, la femme adulte est
absolument maîtresse de son corps; qu'elle ne doit
être mère que quand il lui plaît, choisir qui lui plaît
pour père de l'enfant qu'elle peut désirer;

3ᵉ Que des êtres raisonnables ne doivent procréer
que quand il y a le maximum des chances pour que
le produit de leurs amours naisse dans des conditions
telles, qu'il soit sain, vigoureux, beau, habile, intel-
ligent, bon, heureux. Qu'avant de procréer, ils doivent être amiablement d'accord avec le milieu social
où ils se trouvent, pour que, en cas de leur dispari-
tion, leur enfant puisse être soigné et élevé comme
de leur vivant;

4° Que les malades, les affaiblis, les dégénérés, les médiocres de toute espèce doivent s'abstenir de transmettre à d'autres malheureux la triste existence dont leurs bons parents ont eu le tort de les affliger.

***

Si la diffusion de ces vérités axiomatiques est désagréable à la minorité oppressive, aux factions dominantes des Etats, en tendant à les priver de leurs esclaves, résignés et brutaux, elle est acceptée d'avance par tous ceux qui souffrent actuellement du manque de subsistance, chaque jour aggravé par les naissances non désirées. Pas besoin de grandes études philosophiques et démographiques pour cela. La femme la plus ignorante, la plus écrasée, comprend et renaît à la vie, quand on lui enseigne qu'elle peut, et *comment*, suivre les impulsions de la nature, sans que ce soit aux dépens de futurs malheureux.

Sans doute, Malthus démontra il y a cent ans, que la population a une *tendance* à s'accroître *plus vite* que les subsistances, et même indiqua, pour tenter de rétablir l'équilibre, de fort mauvais moyens, auxquels lui-même ne croyait pas, d'où il concluait « l'impossibilité du progrès indéfini de l'humanité ». Mais nous n'avons pas besoin d'insister sur ce point, et c'est bien à tort qu'on nous a donné et que nous subissons le nom de *Néo-malthusiens*.

Nous poussons à une révolution sociale, qui pourrait être pacifique, la Régénération de l'humanité de hasard qui peine aujourd'hui partout, même sur les points les plus incléments de la surface terrestre.

C'est à cette œuvre que, depuis huit ans, un petit groupe a travaillé avec une ardeur sans relâche, au milieu de toutes les difficultés...

Quand même, nous avons réussi, nous si petits, à transformer l'opinion. Il y a sept ans, les continuels mensonges des *repopulateurs*, des *procréatomanes*, ne rencontraient pas la moindre contradiction. Aujourd'hui, tout le monde, après nous, rit des Bertillon, des Toutée, des Piot. La loi proposée par ce dernier, il y a quatre ans, n'aboutit pas. La *grande commission extraparlementaire* n'accouche pas plus que les législateurs ! (1)

Et, pendant ce temps, notre minuscule *Régénération* (27, rue de la Duée ; 1 fr. 50 par an) vit, et avec l'aide d'un respectable arsenal de brochures, de feuillets théoriques, pratiques, va répandant partout la bonne nouvelle. Nos arguments sont empruntés à foison, en avouant ou non la source par des littérateurs, des romanciers, des dramaturges : Daniel Riche, dans *Stérile* ; Michel Corday, dans *Sésame* ; Brieux dans *Maternité* ; et un grand nombre d'écrivains, dans les journaux populaires, reconnaissent ce qu'ils doivent à nos travaux.

Et nous-mêmes, nous avons la joie de rendre hommage à ceux qui nous précédèrent dans cette carrière et furent nos initiateurs : le docteur Charles R. Drysdale, depuis 25 ans président de la Ligue anglaise et de notre Fédération universelle, les nombreux et savants philanthropes anglais, néerlandais et allemands...

Veuillez agréer, etc.

PAUL ROBIN.

Ce qu'a pensé jadis et ce que pense aujourd'hui M. le docteur Javal. — Après l'affaire Dreyfus. — Chez les riches et chez les pauvres.

Député pendant cinq ans, de 1885 à 1889, le docteur Javal n'a pas cessé de réclamer des mesures législatives en faveur des familles nombreuses. Depuis 1889, il a continué à la tribune de l'Académie de Médecine, la campagne qu'il avait commencé au Palais-Bourbon. Il est l'un des fondateurs de l'*Alliance nationale* (26, avenue Marceau), qui centralise les efforts de ceux qui désirent voir augmenter la population de la France.

Le docteur Javal est devenu aveugle ; il ne vit plus guère qu'avec sa pensée.

____

(1) Ceci reste vrai jusqu'en août 1905 et le restera encore...

Quand parut le roman de Michel Corday, je le priai de dire son opinion. Il m'écrivit :

Paris, 24 octobre 1903.

Monsieur,

Alsacien d'origine, c'est surtout dans l'espoir de la revanche que je m'étais attelé à la question de la population. « Y penser toujours et n'en parler jamais », avait dit Gambetta. A force de n'en parler jamais, on n'y pense plus.

En 1870, la population des états qui constituent actuellement l'empire d'Allemagne était à peu près égale à celle de la France, et ces états n'avaient ni cohésion, ni unité d'armement. Aujourd'hui, par le chiffre de sa population et par d'autres causes, l'Allemagne constitue une puissance double, environ, de celle de la France.

Dans l'état actuel des choses, nos meilleurs généraux verraient la guerre avec terreur. (Lire la déposition de de Pellieux au procès Zola).

Nous ne pouvons pas, et le pays ne veut pas partir en guerre. La raison militaire qui me faisait redouter la dépopulation de la France n'existe plus. (1)

S'il en est ainsi, nous devons, oubliant la politique étrangère, penser à la misère qui accable la plupart des familles nombreuses. J'ai reçu des centaines de confidences à cet égard, et je crois que les misères du prolétariat diminueront si, parmi les ouvriers et les paysans, parmi ceux qui n'ont que leurs bras, les chefs de famille, assument de moindres charges. Je le crois ; mais je n'en suis pas sûr, car, en fait, les nombreuses familles deviennent souvent prospères dès que les aînés des enfants commencent à travailler.

Ce dont je suis sûr, c'est que le système du fils

---

(1) Le spectacle du désarroi de la Russie, notre alliée, prouve jusqu'à l'évidence qu'il n'existe de l'autre côté du Rhin aucune velléité de guerre contre la France, car une occasion plus favorable de nous écraser ne pourrait pas facilement se présenter. (Note du Dr Javal).

unique, adopté par des parents riches ou aisés, est désastreux. Sauf de rares exceptions, le fils unique est un être malfaisant, car il donne fréquemment le spectacle de l'indolence et de l'égoïsme, auxquels se joignent les vices dont l'oisiveté est la mère. Cette oisiveté, mère de tous les vices, dit le proverbe, découle surtout de l'horreur des parents pour la division du domaine ou de l'industrie qu'ils ont créés ou dont ils ont hérité.

Jamais je ne cesserai de réclamer les mesures législatives dont l'application irait contre les habitudes peu prolifiques des citoyens aisés, et pour savoir ce que le législateur doit faire il suffit d'examiner les lois des pays prolifiques, tels que l'Angleterre et le Canada. Sans aller aussi loin que le colonel Toutée, il faut, et cela est urgent, modifier notre régime successoral. L'examen de ce côté du problème demanderait de longs développements.

En résumé, pour répondre à votre question, je me borne à dire que, dans mon opinion, la limitation du nombre des naissances dans les milieux riches ou aisés est une calamité sociale, tandis que, dans les milieux misérables, cette limitation peut être un bien.

Agréez, etc...

Dr JAVAL.
de l'Académie de Médecine.

Comme on le voit, MM. Paul Robin et le docteur Javal sont des adversaires qui, en conclusion finale et pratique, ne sont pas très loin de s'entendre. Ils arrivent, par des chemins différents, au même but : ne pas procréer des misérables.

B. GUINAUDEAU.

FÉDÉRATION INTERNATIONALE
de la Régénération Humaine

Président : Dr CHARLES R. DRYSDALE.
Vice-Président : PAUL ROBIN.
Administrateur : E. HUMBERT.

Siège social : 27, rue de la Duée, Paris XXe.

ANGLETERRE. — The Malthusian League. Secrétaire : W. H. Reynolds, New Cross, London S. E. Périodique mensuel : *The Malthusian.* (1879).

HOLLANDE. — De Nieuw-Malthusiaansche Bond. Secrétaire : Dr J. Rutgers, 32, Hugo de Grootstraat, La Haye. Publication éventuelle *Het Gelukkig Huisgezin.* (1885).

ALLEMAGNE. — Sozial Harmonische Verein. Secrétaire : M Hausmeister, Stuttgart. Mensuel : *Die Sozial Harmonie.* (1889).

FRANCE. — Ligue de la Régénération Humaine, Fondateur : Paul Robin; secrétaire : E. Humbert, 27, rue de la Duée, Paris, XXe. Mensuel. *Régénération.* (1896).

BELGIQUE. — Ligue Néo-Malthusienne. Président : Dr Fernand Mascaux, échevin à Courcelles. Secrétaire : V. Ernest à Jumet. (1903).

ESPAGNE. — Liga de la Regeneracion Humana. Secrétaire : Luis Bulffi, 98, calle del Comercio, Barcelone. Mensuel : *Salud y Fuerza.* (1904).

ETATS-UNIS. — Publication bi-mensuelle : *Lucifer.* Moses Harman, 500, Fulton Street. Chicago.

SUISSE. — Section de propagande, secrétaire : Dr Wintch-Malceff, Petit Montriond, route d'Ouchy. Lausanne.

BRÉSIL. — Section de propagande, secrétaires : Manuel Moscoso, 29, rue de Bento Pires, San-Paulo ; Antonio Dominguez, 35, rue Viscande de Moranguapez, Rio de Janeiro.

CUBA. — Section de propagande, secrétaire : José Guardiola, 14, Empedrado, La Havane.

Sections françaises de propagande

COLOMBES (Seine). — Pontonnier, 73, rue du Bournard,

CHARENTON (Seine). — Chiray, 11, rue de la République,

VERSAILLES (Seine-et-Oise). — Guérin, 9, passage St-Pierre.

MONTEREAU (Seine-et-Marne). — E. G Dupré, 2, carrefour du Pont de Seine.

LYON (Rhône). — Donzel-Papillon, 6, rue des Célestins.

ROUBAIX (Nord). — Victor Cornil, 28, rue de la Barbe d'Or.

BREST (Finistère). — Jeunesse syndicale, 1 bis, rue Kléber.

SENS (Yonne). — Secrétaire du groupe de Régénération, Bourse du Travail, 18, rue Laurencin.

ISSOUDUN (Indre). — Martinet, pharmacien, 47, place des Marchés.

OYONNAX (Ain). — Grasz, Imprimerie économique, 3, rue Gardaz.

AIGLEMONT (Ardennes). — Colonie Communiste.

TOULOUSE (Haute-Garonne). — J. L. Lion, 42, rue 1814.

LENS Pas-de-Calais). — Broutchoux, 29, rue de Lille.

ALGER (Algérie). — Maison du Peuple, 10, Rampe Magenta.

LISTE DES PRATICIENS

Agréés par la Ligue de la Régénération humaine

Consultations sur les moyens pour éviter la grossesse, hygiène sexuelle. Prix réduits pour nos abonnés.

Il ne sera pas répondu aux demandes d'avortement.

PARIS. — Dʳ Meslier, 30, rue du Faubourg Montmartre, de midi à 2 heures (sauf les jours fériés).

— Dʳ J. Darricarrère, 14, rue Jean Vaury, XIVᵉ, de 2 h. à 4 heures mardi, jeudi, samedi.

— Dʳ Sarazin, 24, rue Lepic, XVIIIᵉ. Tous les jours de 1 h. h. à 3 heures.

— Marot, herboriste, 53, rue du Chemin-Vert, XIᵉ. Procure les objets de préservation.

— Mme H. Piens, sage-femme, 71, rue Truffaut, XVIIᵉ, lundi, mercredi (gratuit), vendredi. Procure les objets de préservation.

— E. Humbert, 27, rue de la Duée, XXᵉ tous les jours de 10 h. à 5 h. le dimanche, le matin seulement. Procure sur commande tous les objets de préservation. Demander l'aperçu des prix.
Les dames sont reçues par Mme Humbert.

SAINT-OUEN (Seine). — Mme Petit, sage-femme, 11, rue des Entrepreneurs. Communication, Bastille-Cimetière St-Ouen. Procure les objets de préservation.

CHARENTON (Seine). — Mme Chiray, 11, rue de la République. Procure les objets de préservation.

ISSOUDUN (Indre). — M. Martinet, pharmacien, 47, place des Marchés. Procure les objets de préservation.

LE FLEIX (Dordogne). — M. Dublange, pharmacien. Procure les objets de préservation.

PONT-L'ABBÉ (Finistère). — M. Le Carval aide-pharmacien.

AIN-TÉMOUCHENT (Oran). — Dʳ L. Achard, rue Carnot. Consultations gratuites.

COURCELLES (Belgique). — Le docteur Fernand Mascaux.

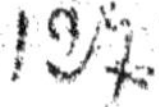

En vente à RÉGÉNÉRATION

Volumes

ÉLÉMENTS DE SCIENCE SOCIALE, ou Religion physique, sociale et naturelle. Exposé sur la véritable cause, et sur le remède des trois principaux maux de la société : la Pauvreté, la Prostitution et le Célibat, par Georges Drysdale, docteur en médecine.
Sixième édition française, traduite d'après la 12e édition anglaise, revue et corrigée par l'auteur. Prix 3 fr.; franco 3,50.

DU PRINCIPE DE POPULATION, par Joseph Garnier, membre de l'Académie des sciences morales et politiques. Guillaumin, éditeur Prix franco 10 francs.

PROPHYLAXIE SEXUELLE, causeries médicales sur la préservation et les préservatifs sexuels, avec 25 figures dans le texte, par le Dr A. B. de Liptay. Prix : 10 fr. Pour nos abonnés seulement, 3 fr. 50, franco, 4 fr.

LE SALON DE Mme TRUPHOT, roman par Fernand Kolney, Albin Michel, éditeur. Prix : 2 fr. 75, franco 3 25.

FÉCONDE, roman, par Daniel Riche, Flammarion éditeur. Prix 2 fr. 75 franco 3,25.

STÉRILE, roman par Daniel Riche, Flammarion éditeur. Prix 2 fr. 75, franco 3,25.

SÉSAME ou la MATERNITÉ CONSENTIE, roman par Michel Corday, Fasquelle éditeur Prix 2 fr. 75, franco 3,25.

MATERNITÉ, drame en 3 actes par Brieux. V. Stock, éditeur. Prix 2 fr. 75. franco 3,25.

Périodiques
(Les abonnements sont reçus à Régénération)

THE MALTHUSIAN, organe de la Ligue Malthusienne Anglaise; W.-H. Reynolds, New-Cross, London S. E. mensuel, abonn. Prix, 2 fr. par an.

SOZIAL HARMONIE. Organe de la Ligue allemande, Social Harmonische-Verein, M. Hausmeister à Stuttgart, mensuel : abonnem., 3 fr. 50 par an.

LUCIFER (The light-Bearer), hebdom. Moses Harman, 500 Fulton street Chicago, Ill. Etats-Unis. Abonnement 6 fr. par an.

SALUD Y FUERZA, organe de la Ligue néo-malthusienne espagnole Bulffi, 93, Calle Commercio, Barcelone. — Souscription volontaire.

HET GELUKKIG HUISGEZIN (La famille heureuse), organe de la Ligue néo-malthusienne néerlandaise. Dr J. Rutgers, Hugo de Grootstraat 32, La Haye. Abonnement. 1 fr. 50 par an.

RÉGÉNÉRATION années 1902-1903-1904, prix 1 fr. 50 chacune.

ÉTIQUETTES GOMMÉES, 4 feuilles de 24 étiquettes différentes. Prix 0 fr. 15, franco 0,20.

HUMBERT, imprimeur, 27, rue de la Duée, Paris XXe.